호기심 과학 그림책

깊은 바다에는 누가 살지?

누리아 로카 글 | 로사 M. 쿠르토 그림 | 최지영 옮김 | 곽영직 감수

문학동네 어린이

바다 속으로 탐험을 떠나요

지구 표면을 70퍼센트 넘게 차지하고 있는 바다, 바다 속은 과연 어떤 모습일까요?
해초들이 가득한 드넓은 초원 같을까요? 아니면 골짜기나 끝없이 펼쳐진 사막 같을까요?

바다나 대양 아래에도
땅 위처럼 산, 골짜기, 계곡같이
멋진 풍경이 펼쳐져 있어요.
세상에서 가장 높은 산이 푹 파묻힐 만큼
어마어마하게 깊은 구덩이도 아주 많지요.
이렇게 바다 아래 세상도 땅 위만큼 여러 가지 모습을
하고 있어요. 바다 속 생물들도 생각보다 훨씬 많답니다.
자! 그럼 이제 바다의 비밀을 알아보도록 해요.
운이 좋으면, 가라앉은 해적선에서 보물을 찾게 될지도
몰라요.

끊임없이 움직이는 바닷물

바다는 늘 잠잠한 듯 보이지만, 사실은 하루도 변하지 않는 날이 없어요.
바다 속 생물들이 잠시도 가만있지 않거든요. 바닷물도 계속 움직이고 있어요.
파도가 큰 바위에 부딪혀 물거품을 일으키는 것도 그런 까닭이지요.
바닷물은 **난류**(따뜻한 물의 흐름)와 **한류**(차가운 물의 흐름)로 나눌 수 있어요.
온도가 다른 두 물줄기는 만나도 서로 쉽사리 섞이지 않아요.

바닷물은 끊임없이 해안가로 밀려왔다 되돌아갑니다. 밀려오는 바닷물을 **밀물**, 빠져나가는 물을 **썰물**이라고 해요.
밀물과 썰물이 자주 오가는 해안가 생물들은
물이 있을 때와 없을 때 숨을 어떻게
쉬어야 하는지 잘 알아
두어야 한답니다.

벼랑 위에 사는 새들

가파르게 높은 벼랑에서는 바다가 한눈에 내려다보입니다. 맑고 푸른 바다 속에서 헤엄치는 물고기까지 보일 때도 있지요. 물고기를 사냥하는 새들도 만날 수 있어요. 바닷속으로 멋지게 다이빙해 들어간 새가 물고기를 낚아 채 다시 솟아오르는 모습은 묘기에 가까워요. 새들의 깃털은 잘 다듬어진 데다 기름 성분을 갖고 있어서, 물에 들어가도 젖지 않는답니다. 바닷가 근처에 사는 새들 가운데는 벼랑 틈에 둥지를 틀고 사는 새들도 있어요. 벼랑에 붙어 있는 둥지들은 우리 눈에 다 똑같아 보입니다. 그래서 혹시 자기 둥지를 잘못 찾아가는 새도 있지 않을까 걱정스럽지요. 하지만 어미 새들은 갓 태어난 아기 새들을 단번에 알아봅니다. 비슷비슷하게 생긴 수백 마리의 아기 새들 가운데 자기 새끼를 쉽게 찾아 내는 어미 새들이 참 대단하네요.

아무리 추워도 괜찮아요!

지구의 양 끝인 북극과 남극은 몹시 추운 곳이에요. 그래서 바다는 아주 두꺼운 얼음으로 덮여 있지요. 가끔은 큰 얼음 덩어리에서 조각들이 떨어져 나와, 물살을 타고 흘러가기도 해요. 이런 빙산들 중에는 서울보다 더 큰 것도 있대요. 우아!
얼음으로 덮여 있는 추운 바다에도 물고기와 새를 비롯한 많은 바다 생물들이 살고 있어요.

이미 오래 전부터 차가운 물에 적응해서 살아왔답니다.
아래 그림은 **범고래**예요. 눈 위쪽에 보이는 선명한 흰색 무늬는 범고래만 갖고 있는 특징이에요. 범고래는 무리를 지어 이리저리 돌아다니며 사냥을 합니다. 거친 환경을 이겨 내기 위해 서로 힘을 모아 사는 거지요. 때로는 돌고래나 수염고래와 같은 다른 고래를 사냥하기도 합니다.

눈에 보이지 않는 바다 생물들

바다 속을 들여다보면 그 안이 얼마나 신기하고 다양한지 알게 될 거예요. 물고기들이 떼를 지어 왔다갔다하기도 하고, 이름 모를 해초들이 물결에 살랑살랑 몸을 흔들지요.
하지만 우리 눈으로 볼 수 없는 작은 생명체들도 살고 있어요. 너무너무 작은 **플랑크톤**도 바다 속에서 아주 열심히 살아가고 있지요.
플랑크톤은 구름처럼 한데 뭉쳐서 바다를 둥실둥실 떠다녀요.
수많은 물고기들의 좋은 먹잇감이기도 하지요.
플랑크톤의 색깔은 계절과 장소에 따라 바뀝니다.
주변 동물들이나 아주 작은 해초에 따라 달라지기도 한답니다.
녀석들의 생김새를 살펴볼까요? 정말 신기하게도 저마다 다른 모습들을 하고 있네요!

바다의 거인, 고래

어마어마하게 큰 바다 거인을 만나 보고 싶다고요? 그렇다면 버스 한 대보다 더 큰 몸집으로 물 속을 헤엄쳐 다니는 고래를 떠올려 보세요.

고래들은 서로 노래를 부르며 대화를 해요. 아무리 멀리 떨어져 있어도 서로의 소리를 정확하게 알아들을 수 있지요.

고래는 몸집이 아주 크지만, 작은 물고기들이나 손가락만 한 **크릴새우**를 먹고 살아요. 플랑크톤 속에 사는 크릴새우 무리는 엄청나게 커서 마치 붉은 구름처럼 보여요. 이렇게 작은 먹이를 먹고 사는 고래에게는 이빨이 없답니다. 대신 입가에 **고래수염**이라는 특별한 수염이 나 있어요. 이 수염으로 크릴새우만 걸러 먹는 거예요. 고래수염이 깔대기 같은 여과 장치인 셈이지요.

바다 속에서 자라는 풀

화산에서 흘러나오는 **용암**은 땅 속 바위가 녹으면서 만들어집니다. 땅 속 아주 깊은 곳에서 솟구쳐 나오는 용암은 너무너무 뜨겁기 때문에 무엇이든 다 녹여 버려요.
용암은 바다 속에서 만들어지기도 해요. 흘러나온 용암이 찬 바닷물을 만나 굳으면, 바다 식물들이 디디고 자랄 수 있는 바위가 되지요.
바다 식물인 해조류는 언뜻 보면 서로 비슷해 보여도, 자세히 보면 종류가 아주 많아요.
어떤 빛깔을 띠는지에 따라 이름을 붙이지요.
초록색을 띠면 **녹조류**, 붉은색과 갈색을 띠면 각각 **홍조류**와 **갈조류**라고 부릅니다.
이렇게 해조류를 나눌 수 있다면, 여러분은 이미 초보 해초 박사랍니다.

아기 뱀장어의 쉼터

해조류는 대부분 바다 밑 모래밭에 뿌리를 내리고 살아요.
하지만 **모자반류**에 속하는 해초는 바다를 자유롭게 떠다닙니다.
모자반류 줄기에 붙어 있는 공기방울들이 보이나요? 이 해초들은 **부낭**이라고 부르는
공기 주머니를 이용해 둥둥 뜬 채 바닷물을 따라 이리저리 옮겨 다닙니다.
이 해초들이 잔뜩 모여 있는 모습을 보면, 마치 물 위를 떠다니는 섬 같지요.
모자반류 속에는 숨을 데가 많아서 뱀장어들이 찾아와 알을 낳습니다. 뱀장어는
머나먼 육지의 강에서 모자반류가 자라는 바다까지 알을 낳기 위해 찾아오지요.
갓 태어난 아기 장어들은 모자반류 사이에서 무럭무럭 자라다가
몇 해가 지나면 엄마 아빠가 그랬듯이 강으로 되돌아갑니다.

닮은 듯 다른 산호와 말미잘

산호는 저마다 빛깔과 모양이 다르답니다. 단단해서 바위처럼 보이기도 하고, 아름다운 빛을 내는 모습이 꼭 해초 같기도 하지요. 하지만 산호는 해파리의 먼 친척뻘로, 강장동물에 들어갑니다.

강장동물은 입과 항문이 하나인 원시동물이에요. 크게 **히드로충류, 해파리류, 산호충류**로 나뉩니다.

특이한 모양 때문에 산호를 해초로 착각하는 많은 물 속 친구들은 산호 틈에 보금자리를 만들기도 하지요.

산호 주위에는 말미잘이 살고 있어요. **말미잘**은 스펀지 같은 몸을 꼼짝 않고 있다가, 위험을 느끼거나 먹잇감이 눈에 띄면 순식간에 독을 내뿜는 아주 무서운 녀석이랍니다. 하지만 어떤 물고기들은 말미잘 구멍을 제 집처럼 드나들며 그 속에 숨어 산대요. 참 놀라운 재주를 가졌지요?

아기 바다거북에게 용기를!

바다거북은 따뜻한 바다에 살다가 새끼를 낳을 때가 되면 자신이 태어났던 해변으로 돌아옵니다. 밤이 되면 해변으로 나와 모래에 구멍을 파고 그 안에 알을 낳지요.
아기 거북들은 알을 깨고 나오자마자 모래 위로 올라와 곧장 바다를 향해 기어갑니다.

아기 거북들을 잡아먹으려는 적들의 눈을 피해 무사히
바다에 닿으려면 서둘러야 해요!
아기 바다거북이 알에서 나오는 날은 365일 가운데 단
며칠뿐입니다. 그래서 많은 동물들이 이 날을 기다리며
모래사장에 모여 있지요. 수많은 갈매기들이 가장 먼저
아기 바다거북을 공격합니다. 겨우 살아남은 바다거북은
다시 바닷게와 같은 갑각류의 공격을 피해야 해요.
휴우, 하지만 여전히 안심할 수 없어요. 어렵게 바다 속으로
들어가도, 곧 상어 먹이가 될지도 모르거든요.
태어나자마자 위험 속에 던져진 아기 바다거북들이 꿋꿋하게
살아갈 수 있도록, 우리 모두 힘차게 응원해 줘요.

어디어디 숨었을까?

바다 속 동물들은 몸을 숨기는 **위장술**의 천재예요.
바위 틈이나 바닥, 또는 바닷말 사이사이로 몸을 숨기지요.
무늬가 복잡한 해룡이나 단순한 색깔의 광대물고기 같은 바다 속 친구들은
자기를 노리는 적의 눈을 감쪽같이 속이고는 합니다.
사냥할 때도 위장술을 써요. 이런 사냥꾼들은 저마다 독특한 방법이 있지요.
몸이 투명한 **해파리**는 독이 있는 촉수를 길게 늘어뜨린 채 먹이가 나타날 때까지
마냥 기다립니다. 그러다 먹잇감이 나타나면 재빨리 촉수를 뻗습니다.
지나가던 물고기가 아차 싶을 땐, 이미 해파리의 촉수에
꼼짝 없이 걸려든 다음이지요.

오징어가 대장이래요

물도 차갑고 빛조차 잘 들지 않는 아주 깊은 바다 속에는 누가 살고 있을까요?
아무도 살지 않을 듯한 이 곳에도 괴물처럼 무시무시하게 생긴 물고기들이 살고 있어요.
이 친구들은 이미 어둠에 아주 익숙해져 있답니다. 그래서 위로 올라와 조금이라도 밝은 빛을 쪼이게 되면 오히려 죽는다고 해요.
깊은 바다 속에 사는 물고기들 몸에는 빛을 내는 특이한 얼룩 무늬가 있어요. 자신의 몸에서 나는 빛으로 먹잇감을 찾아 잡아먹는 것이지요.
　여기서는 엄청나게 큰 몸집의 오징어가 대장이랍니다. **대왕오징어**는 여러분 또래의 친구 여덟 명을 합친 것보다 더 커요. 어두운 바다 속에서 살다 보니 눈이 아주 발달했어요. 눈알이 큰 공만 하다고 해요. 정말 대단하지요?
크고 센 이빨을 가진 **향유고래**도 깊은 바다 속에서 종종 사냥을 해요. 한 시간 넘게 잠수할 수 있대요.

바다에 사는 친척들

돌고래와 향유고래, 물개 등은 모두 바다에서 살지만 물고기는 아니에요. 바다 속에서 사는데 물고기가 아니라니, 참 이상하죠? 자, 지금부터 잘 들어 보세요. 고래들은 사람처럼 어릴 때 엄마 젖을 먹고 자라요. 혼자 살아갈 수 있을 때까지 엄마의 보호를 받지요. 또 아가미 대신, 물 속에서 숨을 아주 오랫동안 참을 수 있는 튼튼한 폐를 가지고 있어요. 수영을 할 때는 사람처럼 물 속에서 숨을 꾹 참고 있는 거예요. 어때요? 사람과 닮았지요? 그래요. 고래는 사람과 같은 **포유류**랍니다.

다른 물고기들은 새끼 대신 알을 낳고 새끼에게 젖을 먹이지도 않아요. 또 새끼 물고기들은 태어나자마자 엄마 곁을 떠나 혼자 살아갑니다. 돌고래도 겉으로 보기에는 물고기 같지만, 알고 보면 우리와 더 가까운 친척이에요.

바다의 사냥꾼, 상어

영화 〈조스〉를 본 적이 있나요? 영화에 나오는 것처럼 상어는 바다에서 가장 무서운 사냥꾼이랍니다. **상어**는 크기와 모양에 따라 여러 종류가 있지만, 모두 아주 거칠고 단단한 피부를 가지고 있어요. 이빨도 아주 독특하지요. 날카롭고 단단한 이빨이 두 줄씩 나 있는데, 이빨이 빠져도 금방 새 이가 난다고 해요. 물론 다 그런 건 아니에요. 상어들 중에 가장 큰 고래상어는 이빨이 없어서 플랑크톤을 먹고 산답니다.

상어 배에 붙어 있는 작은 물고기가 보이나요? **빨판상어**라고 부르는 이 물고기는 머리에 있는 빨판을 이용해 큰 상어의 몸에 찰싹 붙어 살아요. 상어 몸에 붙어서 헤엄을 치지 않고도 멀리 이동할 수 있지요. 그 대신 상어 피부를 깨끗하게 청소해 준답니다.

상어라고 다 무서운 건 아니죠?

끝없는 미지의 세계

아주 깊고 넓은 바다를 가리켜 **대양**이라고 부릅니다. 이런 대양 아주 깊은 곳에는 넓은 땅이 끝도 없이 펼쳐져 있어요. 풀도 없고 물고기도 없고, 정말 아무것도 없는 바다 속 사막이지요.

하늘에서 넓고 넓은 바다 위를 가만히 내려다보면, 고기잡이배들이나 기름을 싣고 가는 유조선, 해양탐사선 등이 보여요. 또 숨을 쉬러 올라온 고래들도 볼 수 있어요.

밤이 되면 해안가 등대는 환한 빛으로 바다를 비춥니다. 먼 바다에 나가 있는 배들은 등대 불빛을 보고 항구의 위치를 가늠할 수 있어요. 등대에서는 배들이 바다 속에 잠겨 있는 바위들을 잘 피해 갈 수 있도록 신호도 보내 준답니다. 앞으로도 우리는 바다를 향해 끊임없이 나아갈 거예요.

궁금해요, 궁금해!

혹등고래

흰수염고래

귀신고래

향유고래

고래는 왜 포유류인가요?

숨을 천천히 들이마셔 보세요. 가슴이 부풀어 오르는 것이 느껴지지요? 가슴에 있는 폐는 우리가 공기를 들이마시면 부풀어 오르고, 내쉬면 가라앉아요. 물에 사는 돌고래나 고래도 우리처럼 폐가 있답니다. 우리랑 비슷한 점은 또 있어요. 코끼리나 말, 캥거루처럼 고래들도 어릴 때 엄마 젖을 먹고 자라지요. 이렇게 젖을 먹여 새끼를 키우는 동물들을 '포유류'라고 해요. 고래들은 생김새가 물고기를 닮았지만, 어류가 아니에요. 우리와 더 가까운 포유류랍니다.

소금은 어떻게 구하나요?

바닷물을 그릇에 담아 햇볕에 가만히 놓아 두세요. 잠시 뒤에 그릇 안을 들여다보면, 물은 어느새 다 말라 버리고 바닥에는 소금 알갱이만 남아 있지요. 우리가 먹는 소금도 이렇게 만들어요. 연못과 같은 웅덩이에 바닷물을 넣어 두고 마를 때까지 기다리면, 아주 많은 양의 소금을 얻을 수 있습니다.

팔일까, 다리일까?

오징어나 문어를 자세히 살펴본 적이 있나요? 문어와 오징어 다리에는 빨판(흡판)이라는 동그란 구멍이 있어요. 이 빨판 덕분에 바위에 달라붙을 수도 있고 먹잇감도 쉽게 잡을 수 있답니다. 커다란 오징어의 빨판은 거칠고 단단한 상어 피부에 자국을 남길 만큼 아주 힘이 세다고 해요.

해파리와 말미잘도 그 모양이나 쓰임새는 조금씩 다르지만 모두 촉수라는 신기한 손을 갖고 있어요. 해파리의 촉수에는 바늘 같은 날카로운 가시가 촘촘히 나 있는데, 평소에는 몸 속에 있다가 먹이를 잡을 때만 밖으로 나옵니다. 이 가시는 튀어나오면서 독을 내뿜기 때문에 물고기를 죽이거나 기절시킬 수 있어요. 말미잘도 이런 방법으로 먹이를 잡습니다. 헤엄을 못 치는 말미잘은 먹잇감이 다가올 때까지 제자리에서 기다려야 하지요. 이런 동물들 대부분이 독을 가지고 있지만 사람에게는 거의 해가 되지 않아요. 하지만 따뜻한 물이 흐르는 어떤 바다에는 사람의 목숨을 위협할 만큼 아주 강한 독성을 가진 엄청나게 큰 해파리가 산다고 해요. 다행히 이렇게 큰 해파리들은 많지 않다니 정말 다행이에요.

쓱쓱 싹싹! 바다의 청소부들

아주 작은 미생물들은 골치 아픈 녀석들이에요. 지느러미 아래에 찰싹 달라붙어서 물고기를 간지럽히고 성가시게 합니다. 우리가 아는 이나 벼룩이랑 비슷하지요.

그래서 어떤 물고기들은 이 작은 미생물들을 말끔히 없애 주는 청소부들과 같이 살아요. 상어에게는 빨판상어가, 바다장어에게는 새우가, 말미잘에게는 광대물고기가 늘 함께 다니며 몸 구석구석을 깨끗이 해 주지요.

나는 누구일까요?

정감 어린 온기를 전하는 과학 그림책

해마다 우리 나라 도서 시장에는 어린이를 대상으로 하는 많은 외국 과학책들이 소개되고 있습니다. 어린이 과학 교육에 대한 높은 관심이 반영된 결과이지요.

문학동네어린이에서 선보이는 과학 그림책 네 권은 독특하게도 에스파냐에서 왔습니다. 과학을 다루는 책이면서도 책장마다 따뜻함이 느껴지는 것은 지면을 넉넉히 채우고 있는 정감 어린 그림들 때문일 것입니다. 이 책들은 육지와 바다, 날씨와 우주 등과 같이 친숙해서 무심코 보아 넘기기 쉬운 자연 속에서 흥미로운 대상을 찾아 내, 그들 사이의 관계를 이해할 수 있도록 돕고 있습니다. 뿐만 아니라 그 이해를 바탕으로 인간과 이어질 수 있는 고리를 찾고자 노력하고 있습니다. 문단 끝에는 간단하면서도 의미 있는 질문을 더해, 읽는 어린이들이 자연에 대한 호기심과 신비감을 가질 수 있도록 배려하고 있지요.

원서의 내용과 느낌을 우리말로 되살려 내는 번역 작업은 또 하나의 창작이라고 할 수 있습니다. 이 책들이 과학적 내용에 충실하면서도 어린이들에게 친근한 대화체로 번역된 것은 원서가 가지고 있던 온기를 그대로 되살리기 위한 배려라고 생각합니다. 짧지만 많은 것을 담고 있는 이 그림책을 통해 어린이들이 좀더 친숙하게 과학과 만날 수 있기를 바랍니다.

곽영직(수원대학교 물리학과 교수)

글쓴이 누리아 로카
1965년 바르셀로나에서 태어나 대학에서 생물학과 환경 공학을 공부했습니다. 현재 고등학교에서 아이들을 가르치며 어린이와 청소년들을 위한 과학책을 쓰고 있습니다. 에스파냐 고등학교 과학 교과서를 펴내는 데 자문·홍보 일을 맡고 있습니다.

그린이 로사 M. 쿠르토
1951년 바르셀로나에서 태어나 대학에서 목탄과 파스텔, 수채화를 배웠습니다.
잡지·광고·애니메이션 등 다양한 분야에서 일러스트레이터로 활약하고 있으며, 에스파냐의 여러 교과서에 그림을 그리고 있습니다.

옮긴이 최지영
1970년에 태어났습니다. 한국외국어대학교 스페인어과를 졸업하고, 마드리드 U.N.E.D.대학교에서 박사 과정을 밟았습니다.
『엄마는 나의 딸』『달리, 나는 천재다』등을 우리말로 옮겼으며,『이상한 나라의 달리』『꿈으로 지은 집, 가우디』등의 어린이 그림책을 썼습니다.

감수 곽영직
서울대학교 물리학과를 졸업하고 미국 켄터키 대학 대학원에서 박사 학위를 받았습니다. 현재 수원대학교 물리학과 교수로 있습니다.
어린이 과학 교육에 관심이 많아『왜 땅으로 떨어질까?』『햇빛은 무슨 색깔일까?』『지구가 끌어당겨요』『움직이고 멈추어요』등 어린이를 위한 과학책을 꾸준히 쓰고 있습니다.

El Mar
Text by Núria Roca
Illustrations by Rosa M. Curto
Original Edition ⓒ GEMSER PUBLICATIONS S. L., Barcelona, Espana 2002
E-mail: info@mercedesros.com
World rights reserved.
Original Catalan title of the series : LA CIENCIA ENS PARLA DE…
Original Catalan title : EL MAR
Korean translation copyright ⓒ Munhakdongne 2005
This Korean edition was published by arrangement with GEMSER PUBLICATIONS S. L. through Sibylle Books Literary Agency, Seoul.

이 책의 한국어판 저작권은 시빌 에이전시를 통해 GEMSER PUBLICATIONS S. L.과 독점 계약한 (주)문학동네에 있습니다.
저작권법에 의해 한국 내에서 보호를 받는 저작물이므로 무단 전재 및 무단 복제를 금합니다.

호기심 과학 그림책: 깊은 바다에는 누가 살지?
초판인쇄 2005년 6월 20일 | 초판발행 2005년 6월 30일
글 누리아 로카 | 그림 로사 M. 쿠르토 | 옮긴이 최지영 | 감수 곽영직 | 책임편집 염현숙 이정원 이지연 | 디자인 정연화
펴낸이 강병선 | 펴낸곳 (주)문학동네 | 출판등록 1993년 10월 22일 제406-2003-000045호 | 주소 413-756 경기도 파주시 교하읍 문발리 파주출판도시 513-8
전자우편 kids@munhak.com | 홈페이지 www.kids.munhak.com | 전화번호 031-955-8888 | 팩스번호 031-955-8855
ISBN 89-546-0006-9 74400   89-546-0004-2(세트)

이 도서의 국립중앙도서관 출판시도서목록(CIP)은 e-CIP 홈페이지(http://www.nl.go.kr/cip.php)에서 이용하실 수 있습니다.(CIP제어번호: CIP2005001208)